RENÉE PINGRENON

Le Mariage

Théorie et pratique
de l'article 213 du Code civil

(Extrait de la Revue *La Femme Contemporaine.*)

BESANÇON

BUREAUX DE LA REVUE *LA FEMME CONTEMPORAINE*

30, rue de la Vieille-Monnaie

1904

RENÉE PINGRENON

Le Mariage

Théorie et pratique

de l'article 213 du Code civil

(Extrait de la Revue *La Femme Contemporaine.*)

BESANÇON

BUREAUX DE LA REVUE *LA FEMME CONTEMPORAINE*

30, rue de la Vieille-Monnaie

—

1904

La Théorie et la Pratique
de l'article 213 du Code civil

Nous donnons l'article qu'on va lire comme un exposé des critiques que le féminisme contemporain élève contre le principe de l'autorité maritale, sanctionné par le Code civil.

A notre avis, le plus grand tort des auteurs de ces critiques est d'oublier que ce n'est pas le Code civil qui a fait le mariage, de même que ce n'est pas non plus Napoléon qui a fait le Code civil. Tout en rendant hommage au talent avec lequel Mᵐᵉ Renée Pingrenon soutient ses doctrines, nous croyons devoir rappeler ici, à titre de réserves nécessaires, que l'union de l'homme et de la femme est aussi ancienne que le monde ; qu'elle est d'institution divine et régie par le droit naturel ; qu'elle a été perfectionnée, élevée à une dignité supérieure par le Christianisme ; que le Christianisme a dit, bien avant le Code Napoléon, que le mari est le chef du ménage, le chef de la femme elle-même (*vir est caput mulieris*), et qu'en cela, d'ailleurs. il n'a pas innové ; qu'en fait, depuis le commencement du monde, le caractère de l'homme l'a porté à commander et le caractère de la femme l'a inclinée à obéir ; que le législateur qui méconnaîtrait cette loi naturelle et prétendrait renverser les rôles ferait une loi absurde ; qu'il faut même aller plus loin encore et reconnaître que si le législateur refusait de tenir compte de ces dispositions essentielles à chaque sexe et voulait mettre les deux époux sur le pied de la plus parfaite égalité, il ferait encore une loi mauvaise, *mauvaise surtout pour la femme*... Pourquoi ? Parce que la plupart des maris continueraient de commander, la plupart des femmes d'obéir, et que cependant, la femme étant réputée agir toujours de son plein gré, le mari ne serait aucunement responsable des actes que la femme n'aurait accomplis que pour lui plaire.

Nous touchons ici à la double injustice que commettent les féministes dans leurs appréciations sur le Code civil. Ils reprochent amèrement à ce Code d'avoir assujetti la femme au mari, et en cela ils oublient que le Code n'a pas établi cet assujettissement, qu'il n'a fait que reproduire une loi qui existait antérieurement chez tous les peuples, dans toutes les législations. En second lieu, ils ne tiennent aucun compte aux rédacteurs du Code de toutes les mesures qu'ils ont prises pour garantir la femme contre les conséquences de sa subordination. Ainsi, la femme a besoin de l'autorisation du mari pour s'obliger, c'est vrai ; mais aussi le mari s'oblige lui-même en autorisant sa femme. Les salaires de la femme tombent dans la communauté, c'est encore vrai ; mais ceux du mari y tombent aussi, et la femme a droit à la moitié de ceux-ci comme de ceux-là. Le mari est le chef de la communauté, mais il en est aussi seul responsable ; si la communauté est mauvaise, la femme peut y renoncer. Le mari a l'administration des biens de la femme, mais il a aussi la responsabilité, et la dot de la femme est garantie par une hypothèque générale sur tous les biens du mari.

En somme, le Code, à la suite de notre ancien droit, a pris les précautions les plus fortes et les plus minutieuses pour protéger la femme mariée. On dit qu'il aurait mieux fait de lui laisser plus de liberté. Mais, cette liberté qu'on réclame pour elle, serait-elle à même d'en profiter? Par le fait seul qu'un homme et une femme se marient, chacun des deux n'aliène-t il pas, qu'il le veuille ou non, une partie de sa liberté? Et si la part de liberté qu'aliène la femme est, de fait, plus grande que celle qu'aliène le mari, le législateur a-t-il tort de venir au secours de la femme?

Tels sont, selon nous, les vrais termes du problème. En les méconnaissant, les féministes, qui croient servir la cause de la femme mariée, travaillent inconsciemment à la rendre pire.

I. — Avant-propos

Personne n'aime à être dérangé dans le calme de ses opinions toutes faites. Le sens commun, — oh ! combien commun et banal ! — tient lieu de bon sens dans la plupart des sociétés, la masse ayant des habitudes de pensée qu'il est, pour ainsi dire, impossible de lui faire perdre.

Les traditions enseignent l'expérience. Néanmoins les textes de ces traditions perdent leurs forces vives, au fur et à mesure que les sociétés se transforment sous le martèlement des pensées fortes et neuves qui veulent les pénétrer.

Je sais qu'en livrant bataille à l'enchevêtrement des pensées routinières (qui, semblables aux esprits faibles, rabâchent, sans les analyser, des lieux communs que tout cerveau cultivé se refuse à admettre sans preuves), je froisserai peut-être des convictions, des opinions et des croyances que je respecte si je ne les partage point toutes sans restriction. Je m'en excuse d'avance auprès de ceux qui ne me comprendront pas.

Voici quelles furent, en résumé, mes intentions : appeler l'attention publique sur un article mensonger qui, inséré dans les *Titres du Code civil* et relatif au mariage, atteint la dignité des êtres qui contractent en France l'union légale ; faisant, de plus, découler de son néant un flot de conséquences, également légales, qui sont autant de malentendus oppresseurs, indignes de la conception républicaine du droit.

II. — Le centenaire du Code civil (21 mars 1804-21 mars 1904)

Le centenaire du Code civil, qui eut lieu le 21 mars dernier, vient de fournir une admirable matière à copie et à manifestations.

Le centenaire est, du reste, un article à la mode ; c'est même une de ces contradictions d'époque les plus délicieuses qui se puissent voir. Tandis que les traditions s'écroulent, minées par les écrits, tout événement traditionnel reçoit, en offrande, l'encens et le miel des discours.

Cette fois, cependant, le centenaire a fait ce que l'on peut appeler, un peu cavalièrement, un four. On a beaucoup disserté, mais on n'a pas illuminé en son honneur. Et l'opinion presque générale à ce sujet a été celle que Me Jacques Bonzon exprimait dernièrement au *Conseil national des femmes françaises,* au cours d'une conférence : La cérémonie du centenaire du Code civil ne pouvait guère donner lieu qu'à la cérémonie funèbre d'un enterrement.... fût-il de première classe !

Certes, il y a d'excellentes choses dans notre Code civil.... surtout depuis qu'on tend à le réformer. Mais il y en a aussi de bien mauvaises et nous nous apercevons que l'esprit qui présida à sa rédaction est, lui aussi, centenaire.... et, par conséquent, arriéré.

. . . .

Aucune partie du Code civil ne prête mieux le flanc à la critique que le *titre cinquième* qui traite *du mariage,* car ce titre n'est pas absolument l'œuvre de la Révolution française, comme on veut nous le faire croire, mais aussi l'œuvre de Napoléon, ce qui est très différent.

Le rapport constitutionnel du Code Napoléon avec la Révolution française, c'est d'avoir réuni toute la législation éparse et d'avoir supprimé la diversité des lois (diversité qui n'était pas compatible avec un gouvernement central), c'est d'avoir ratifié les principes de concentration, d'organisation des lois et coutumes de la *Constitution française,* œuvre de l'Assemblée nationale constituante. Mais ces principes s'acheminaient vers un idéal de République une et indivisible ; l'idéal de Napoléon était plus restreint.

Avant la Révolution de 1789, chacun sait que la législation variait, pour ainsi dire, de province à province. Le droit romain était encore en vigueur dans le Midi, le Nord était régi par des coutumes. L'Assemblée législative et la Convention s'orientèrent, à l'exemple de l'Assemblée constituante, vers le but d'une législation unique conforme aux principes proclamés par la *Déclaration des droits de l'homme et du citoyen*, mais ce fut seulement sous le Consulat que ces projets reçurent une sanction positive.

La commission chargée par un arrêté du 24 thermidor an VIII (12 août 1800) d'étudier les travaux antérieurs et de rédiger un nouveau projet de Code civil fut nommée par le Premier Consul. Elle se composait de Tronchet, Bigot de Préameneu, Portalis et Maleville :

« Ce travail fut achevé en moins de quatre mois et présenté « au gouvernement, qui le fit imprimer, puis il fut soumis à « l'appréciation des tribunaux d'appel et du tribunal de cassa- « tion. Leurs observations furent également imprimées et étu- « diées par le Conseil d'État ; chacune des lois qui composaient « l'un des titres du Code civil fut l'objet d'une discussion et d'un « décret spécial....

« .... Trente-six lois furent ainsi décrétées successivement l'une « après l'autre et promulguées à mesure qu'elles étaient dé- « crétées. Chacune de ces lois était insérée séparément dans « un recueil officiel appelé *Bulletin des lois*.

« Enfin, la loi du 30 ventôse an XII (21 mars 1804) réunit « toutes ces lois en un seul corps sous le titre de Code civil [1]. »

. . . .

De toute façon, les esprits éclairés s'accordent à reconnaître que, depuis un siècle, les besoins sociaux ont subi une évolution dont le législateur doit tenir compte. M. Edmond Lepelletier écrivait le 16 février dans le *Petit Marseillais*, organe qui ne peut être suspecté de nourrir des sentiments anarchistes :

« L'heure paraît venue de réformer l'œuvre de la Révolution « et de Napoléon. Il faudra, non pas démolir, mais changer et « améliorer le Code. Le genre humain ne commence pas et ne « finit point avec un siècle. Une tradition relie un âge à l'autre. « On ne peut faire table rase du passé. Il ne s'agit pas de faire « mourir le Code civil de 1804, il faut le rajeunir, lui infuser « du sang nouveau. D'ordinaire, quand il s'agit d'êtres vivants, « comme Chevreul, dont on célébra le centenaire, la mort suc- « cède à l'apothéose : pour le Code, le centenaire ne sera point « la date de sa fin, mais de son rajeunissement. »

Le 13 mars, M. Lucien Descaves osait exprimer dans le *Jour-*

---

(1) Albert Charmolu, *Petit catéchisme juridique.*

nal, sous le titre de *Centenaires,* le véritable sentiment de « la conscience moderne » réprouvant les cruautés de l'œuvre du législateur de 1804. Voici un extrait de ce bel article :

« Dirai-je, maintenant, que je trouve beaucoup moins heu-
« reuse l'idée singulière qu'a eue un député, de solenniser un
« autre centenaire auquel, pour ma part, je ne songeais guère ?
« Il s'agit du Code Napoléon, qui fut promulgué le 21 mars
« 1804.

« Quel sort est réservé à cette proposition ? Je n'en sais rien.
« J'eusse compris, à la rigueur, qu'elle émanât de M. Frédéric
« Masson, qui aime Napoléon jusque dans ses verrues, ou d'un
« écrivain poussant, comme Stendhal, l'aberration au point de
« lire, chaque matin, pour s'entraîner au style, une page de ce
« Code fameux posé sur la France comme une pierre sur une
« poitrine.

« Je comprends moins l'initiative d'un député appelé juste-
« ment, dans un avenir plus ou moins éloigné, à détruire ou
« tout au moins à remanier profondément une œuvre que la
« conscience moderne réprouve et qui ne convenait pas davan-
« tage, d'ailleurs, à une nation émancipée par la Déclaration des
« droits de l'homme et du citoyen.

« Le promoteur du centenaire imprévu ne nous a pas encore
« dit s'il y convierait les femmes et les enfants naturels....

« C'est dommage.

« Les unes et les autres doivent aux législateurs de 1804 une
« situation trop enviable, pour.ne pas répondre à l'invitation. Il
« est vraiment fâcheux qu'on ne puisse pas ressusciter, le temps
« seulement d'assister à la petite fête, les innombrables victimes
« qu'a faites, en un siècle, ce Code admirable !

« C'est encore un *Réveil* ou une *Revue nocturne* qui auraient
« bien leur prix, même après les estampes célèbres de Raffet. On
« en pourrait confier l'exécution à Willette ou à Steinlen.

« Ils nous montreraient, sous des bannières et des drapeaux
« portant le numéro d'un article du Code infernal, le troupeau
« bêlant et lamentable des créatures assujetties à la loi du plus
« fort, à la loi de l'homme qui, mariées, les a, pendant cent ans,
« traitées en mineures et bâillonnées avec des textes élaborés
« pour étouffer leurs cris.

« On verrait défiler les malheureuses frappées d'incapacité par
« un Code d'oppression qui leur retire tous les droits pour les

« remettre à l'époux; les trahies, les spoliées, les ruinées, les
« vaincues, en tant que femmes, en tant que mères, en tant que
« travailleuses, par un instrument de domination et d'exploi-
« tation qui, dans tous les actes importants de la vie, leur rap-
« pelle leur servage.

« On verrait se traîner, pâles et fourbues, les ouvrières à qui
« la loi ne laissait pas la disposition de leur salaire, et les filles
« riches dépouillées par un misérable avide seulement de leur dot.

« On verrait apparaître, le front troué, la gorge ouverte, la
« poitrine transpercée, les femmes coupables et leurs complices,
« surpris en flagrant délit d'adultère par un mari meurtrier que
« la loi excuse seul et auquel même elle permet, par privilège,
« l'infidélité conjugale sans dépens.

« Et l'on verrait enfin s'avancer en désordre la cohue des
« bâtards.

« A ceux-là non plus le Code Napoléon ne fut point tendre.

. . . .

« Puisqu'il est question d'anniversaire, une autre lithographie
« de Raffet en célèbre un encore : le 5 mai. La vieille armée dé-
« .funte s'enroule, en fumée d'encens, autour du fût de la colonne
« et monte vers la statue de Moloch.

« Et c'est moins, à mes yeux, sa glorification que celle du sang
« anonyme criant vers l'homme qui le répandit. Changez la
« date : au lieu de 5 mai, inscrivez 21 mars; remplacez les
« figures vaporeuses et guerrières par des visages de femmes
« éplorées et d'enfants en détresse et vous glorifierez également
« quelque chose d'anonyme et de sacré encore : les larmes !

« Le Code Napoléon en fit couler beaucoup.... si c'est cela
« que vous voulez rappeler, dites-le. »

III. — Les défectuosités du Code civil

Signaler en une seule étude toutes les défectuosités du Code
civil, analyser toutes ses lacunes et ses anomalies, serait une tâche
impossible. C'est un régal satirique qui demande à être dégusté
par petites bouchées et il y a, de ci, de là, de simples articles telle-
ment succulents et accommodables qu'ils se suffisent à eux-mêmes
pour dresser un plat exquis.

Ces petits articles ont une apparence tout à fait inoffensive.
Ils sont généralement très courts, ils n'ont pas l'air de se douter
de leur importance, ils vous disent des choses énormes sous un

minimum de mots qui semble vous demander pardon de vous les dire.

Le mariage et le divorce sont émaillés de ces articles peu encombrants et d'allures modestes qui exercent quotidiennement la verve des satiristes. Mais tandis que l'on tend à perfectionner le divorce pour en faire un moyen de dissolution du mariage absolument irréprochable, on ne tend pas du tout à perfectionner ou améliorer le mariage, ni à lui rendre la dignité qu'on veut dispenser au divorce en supprimant toutes les comédies judiciaires que ce divorce, donné à regret, a mises en scène depuis son rétablissement.

Romanciers, auteurs dramatiques, sociologues, constatent, sans apporter de solution, que la femme ne se plait plus guère dans le mariage. La faire évader de cette institution, — que d'aucuns n'hésitent pas à qualifier de surannée, — est le thème que cisèlent, burinent ou enluminent tous les maîtres littérateurs.

Réellement, il faut qu'il y ait un vice, et même plusieurs vices de construction dans cette institution pour qu'on la décrie de cette manière. Et la conclusion de beaucoup devient très simple : « Supprimons-la. » C'est une aventure dans laquelle il est actuellement impossible de se risquer. L'union libre amènerait les pires désastres sans une éducation préalable qu'il est, de même, absolument impossible de donner.

La femme et l'enfant tomberaient brusquement d'un mal dans un pire. La « conscience moderne » s'éveille, mais il faut bien constater qu'elle pousse ses premiers vagissements et que la mentalité de milliers d'individus contemporains ne la connaîtra jamais.

D'autre part, le mariage n'est pas nécessairement, — de par la loi, — la geôle noire où le mari, bourreau, torture la femme, infortunée victime de ses droits et de ses exigences. Mais la vérité est, très souvent, plus curieuse à dégager. Ce qui est, ou plutôt ce qui devrait être, *de par la loi*, est précisément tout le contraire de ce qui est *de par la vie*. Et c'est ainsi que la théorie et la pratique, en se contredisant, réduisent à l'impuissance le mécanisme d'un instrument très habilement conçu pour multiplier les injustices et les abus. Seulement, de malentendus en malentendus, ces contradictions font naître des conséquences oppressives dont l'humanité souffre quotidiennement.

2

IV. — L'article 213. Sa définition. — Sens des mots protéger et obéir

Or, parmi ces petits articles dont je parlais tout à l'heure, l'article 213 est, je vais le prouver, un des plus paradoxaux. L'article 213 nous dit : *Le mari doit protection à sa femme, la femme obéissance à son mari.* J'affirme premièrement *que cela ne signifie littéralement rien du tout* et, deuxièmement, que *l'application de cet article est légalement impossible.*

Bien que placés dans un Code, ou plutôt, justement parce qu'ils sont placés dans un Code, les mots ne perdent pas la signification qu'ils ont dans le dictionnaire.

Examinons donc les définitions des mots *protéger* et *obéir*.

Protéger, cela veut dire : prendre la défense, prêter secours, appui, garantir, veiller à la conservation, favoriser, encourager. Obéir, cela signifie : se soumettre à la volonté, aux ordres d'un autre et les exécuter.

Donc, de par l'article 213, c'est l'homme qui doit prendre la défense de la femme, lui porter secours, lui donner son appui, la garantir, veiller à sa conservation, la favoriser, l'encourager. La femme se contentera de se soumettre à sa volonté et d'exécuter ses ordres. Voilà la théorie, c'est-à-dire les injonctions de la loi ; voyons la pratique, c'est-à-dire les injonctions de la vie.

Je suis femme et mon mari doit prendre ma *défense*. Mais je puis avoir besoin qu'on me défende physiquement et moralement à toute heure du jour et, comme les occupations de mon mari sont différentes des miennes, nous sommes très rarement ensemble hors les heures des repas. De sorte que si mon mari a l'intention de se battre avec qui que ce soit pour empêcher qu'on ne me frappe moi-même, ou pour prouver que j'ai raison, son absence motivée le prive forcément d'affirmer son respect de la loi.

Mais, au fait, a-t-il réellement le droit de se battre ? En se battant, même pour une très juste cause, — puisqu'il s'agit de l'honneur de sa femme et de l'honneur des lois, — au pistolet, à l'épée ou à coups de poing, il peut porter des blessures et risquer une condamnation. Tout cela ne me paraît pas très logique. Et je crois que la protection d'un agent de police, qui aurait l'occasion de se trouver là au moment opportun, me rendrait plus de services que la protection très légale de mon époux.

Tout comme un célibataire, un homme marié a réellement le droit de porter secours à une femme en péril sans être pour cela le mari de cette femme et, comme tout être en péril, une femme mariée a le droit de légitime défense si elle se trouve attaquée. Elle a, pareillement, le droit d'être secourue par le premier citoyen venu qui est animé d'un mouvement généreux en supposant que sa vie est en danger, et un heureux hasard peut lui permettre, à elle-même, sans faire un acte de courage extraordinaire, de protéger une vie menacée, que cette vie soit masculine ou féminine.

En résumé, les voies de fait étant interdites, la force physique du mari qui, du reste, varie beaucoup d'un individu à l'autre, est légalement annulée. Et cette protection physique n'est plus qu'un mythe, un hommage bien inutile rendu aux époques lointaines où *tout* se réglait *par la force* et *rien par le droit.*

De sorte que les jurisconsultes, tels que Mourlon, qui ont commenté l'article 213 en s'appuyant sur la force physique de l'homme, ont incité les citoyens, non seulement à interpréter faussement la loi, mais à l'accuser de faiblesse. N'est-ce pas, en effet, la reconnaître impuissante à protéger elle-même toute une partie de la société que de confier la protection des épouses à la force brute des époux, au lieu de la confier uniquement à la protection légale d'un texte moins naturaliste et plus en rapport avec notre civilisation ?

J'ai besoin qu'on me défende et qu'on me porte *secours* moralement quand je suis calomniée ou abattue par les événements, mais est-ce que la loi ne doit pas protéger tous les honnêtes gens contre les calomniateurs ? Est-ce que la défense et les secours moraux ne sont pas mutuels dans une union légitime, même dans une association quelconque ?

Protéger, cela veut dire encore *prêter appui.* Dans la majorité des cas, l'homme recherche une femme pour sa dot. *Il fait une fin* ou *il s'établit.* La phrase est classique. Lorsqu'il n'y a pas de contrat, le mari, comme chef de la communauté, peut dépouiller sa femme comme il lui plaît. Lorsqu'elle signe un contrat, si le mari est habile, il se trouve encore mieux protégé qu'elle.

Passons aux bons ménages. Il y en a encore et, souhaitons-le, plus qu'on ne pense. Cette définition de prêter appui est, dans un bon ménage, un devoir mutuel tout aussi réel que celui de se prêter défense ou secours. La femme qui aime son mari et ses enfants défend l'intérêt des siens avec un acharnement et une âpreté dont l'homme serait absolument incapable de donner des preuves dans la plupart des cas.

Je connais plusieurs exemples de très honnêtes ménages dans lesquels l'homme travaille, avec infiniment de ponctualité et de courage, à des occupations sociales qui varient d'un ménage à l'autre. Or ces ménages, de conditions très différentes, ne profitent réellement du fruit de leurs occupations et du bien-être qui peut en résulter que parce que la femme y collabore par *la protection* qu'elle étend sur le travail, soit en servant d'intermédiaire entre le mari qui produit et le client ou le patron qui reçoit, soit en dirigeant elle-même l'intérieur dans lequel le mari verse intégralement les finances qu'il touche. Une bonne épouse est essentiellement *une protectrice*. Autre exemple : la fermière peut administrer une ferme sans le concours du fermier, la réciproque est impossible.

Protéger, cela veut dire *garantir*. Lorsqu'il veut profiter à la lettre de tous les avantages que lui confère le Code, le mari ne saurait garantir la femme, mais il peut parfaitement vivre à ses dépens. Aussi les bons maris ignorent-ils généralement toute leur vie, — et pour cause, — l'étendue des droits que leur accorde le Code Napoléon.

Si l'on entend par garantir que la responsabilité de l'homme empêche la femme d'être inquiétée dans les événements de la vie, en un mot que l'homme est garant de la femme, c'est-à-dire qu'il répond du fait de ses actes et promesses, il faut donc convenir que la femme mariée est, de par son mariage, devenue insensée, que cet acte a jeté son esprit hors du raisonnement et qu'il lui devient impossible par le fait (alors hypocritement honoré ?) d'être épouse et mère, de déduire elle-même les mobiles et les conséquences de ses actions.

C'est ce que la loi semble consacrer par les articles suivants :

Article 215. — La femme ne peut ester en jugement (*c'est-à-dire poursuivre une action en justice, soit comme demandeur, soit comme défendeur*) sans l'autorisation de son mari, quand même elle serait marchande publique, ou non commune, ou séparée de biens.

Article 217. — La femme, même non commune, ou séparée de biens, ne peut donner, aliéner, hypothéquer, acquérir à titre gratuit ou onéreux, sans le concours du mari dans l'acte ou son consentement par écrit.

Article 1421. — Le mari administre seul les biens de la communauté. Il peut les vendre, aliéner ou hypothéquer sans le secours de la femme.

Je n'insiste pas, Me Lipman ayant traité, ici même, l'an dernier, *l'incapacité légale de la femme mariée.*

Protéger est synonyme de veiller à la conservation. Or, si je connais bien l'organisation de la famille en France, qui veille le mieux à la conservation de la vie des êtres chers qui composent cette famille, sinon l'épouse, sinon la mère ? On veille, il est vrai, de différentes manières à la conservation de la vie des êtres 1ᵘ en leur fournissant de quoi manger, se vêtir et s'abriter ; 2° en prévenant leurs maladies par des soins incessants, des précautions d'hygiène ; 3° en les soignant quand ils sont malades.

Autrefois l'époux seul gagnait le pain, le vêtement et le loyer. Aujourd'hui, ce n'est plus guère que dans les classes très aisées que le mari travaille seul. Chez les employés, chez les ouvriers, chez les petits commerçants, même chez les artistes non arrivés, la femme travaille ouvertement ou elle se cache pour travailler, soit chez elle, soit au dehors.

Fermer les yeux volontairement sur le fait que, de jour en jour, la femme la mieux disposée à se consacrer à son mari est pourtant obligée de partager inégalement son temps entre le foyer et le travail ; ne pas vouloir convenir que le salaire féminin est un appoint qui permet à beaucoup de familles d'équilibrer leur budget parce que les appointements masculins ne suffiraient pas, est une aberration non permise à ceux qui observent autrement que superficiellement et qui ne se contentent pas de clichés tout faits, clichés qui furent neufs.... il y a bien des ans.

L'honnête femme tâche de concilier le mieux possible les devoirs conjugaux et la nécessité d'apporter un gain au foyer. C'est loyalement tout ce qu'elle peut faire. Et, si on lui en donnait la facilité, elle préférerait souvent ne pas être astreinte à ce surcroît de besogne extérieure qui ne lui donne pas un instant de repos.

Quant à prévenir la maladie et à soigner les malades, personne ne me contredira quand je dirai que c'est affaire de femme et que l'homme perd la tête aussitôt qu'il doit faire chauffer un linge ou préparer une tasse de thé.

Il ne nous reste plus à analyser que les deux derniers sens du mot protéger : favoriser et encourager. *Donner faveur,* c'est déjà donner aide. Ce premier point a été envisagé. C'est encore *gra-tifier* quelqu'un d'une chose, c'est la lui accorder lorsqu'elle peut lui rapporter quelque avantage, c'est contribuer à une action qui peut être agréable à une personne. Je crois que nous nous trouvons là en présence d'une obligation altruiste à laquelle la loyauté nous oblige cependant de faire des réserves.

On ne peut favoriser équitablement quelqu'un que lorsque sa faveur ne porte pas préjudice à un tiers, c'est-à-dire, — si nous voulons demeurer sur le terrain légal, — lorsqu'on n'encourt pas le blâme d'un autre article du Code (l'article 1382). Et quant à cette contribution de notre volonté à un acte qui peut avantager autrui, ou lui rendre service, ce n'est pas aux seuls maris de France qu'elle s'adresse, c'est à chaque individualité. Nul ne peut nous l'imposer et, cependant, si nous voulions la subir tous, l'humanité ne pourrait qu'y gagner en justice et en beauté.

Encourager, c'est donner un secours moral. Je crois avoir suffisamment démontré que cela ne peut être spécialement un droit ou un devoir marital.

Si je sors de l'article 213 dans lequel je me suis volontairement confinée et que je lise l'article 212 qui dit que : *Les époux se doivent mutuellement fidélité, secours, assistance,* je vois que les termes mêmes de cet article confirment mes opinions basées sur l'expérience à propos du secours et de l'assistance mutuels que se doivent les époux et que, par conséquent, l'inutilité et la fausseté de l'article 213 en ce qui concerne le terme protection se trouvent une fois de plus démontrées.

Reste la définition du mot *obéir*. La femme doit se soumettre à la volonté du mari, elle doit exécuter ses ordres.

On obéit à un supérieur. Or, la femme peut être différente de l'homme, mais elle ne lui est pas inférieure. En réalité, les époux sont deux êtres, unissant leurs forces et leurs facultés pour lutter contre les soucis, les peines, les cruautés de l'existence comme pour en partager les joies et les devoirs. Et ces deux êtres ont une égalité certaine : celle de ne pouvoir parler en maîtres, ni l'un ni l'autre, à leur destin.

L'opinion d'une femme sensée, c'est encore que l'homme peut lui donner des conseils, mais qu'elle se révolterait à l'idée qu'il lui donne des ordres comme à une servante. Cette opinion est juste, elle est la seule que puisse admettre une femme en possession de sa dignité morale. Si le mari lui abandonne le gouvernement intérieur, il ne trouve naturellement pas l'occasion de la soumettre à sa volonté pour la manière de confectionner la cuisine ou de surveiller ses gens, de tailler ou de faire tailler un vêtement, de vêtir, de coiffer ou de soigner ses enfants. Si la femme travaille au dehors, c'est à son patron qu'elle obéit, tout comme le mari, de son côté, exécute les ordres d'autrui.

Les rédacteurs du Code ont si bien compris que l'article 213 n'avait pas d'application pratique que, par l'article 214, ils ont essayé de canaliser les obligations de la femme en disant que cette obéissance consistait à habiter avec le mari.

L'habitation de la femme et du mari c'est, au fond, le mariage lui-même. Une femme qui n'habiterait pas avec son mari ne serait pas mariée. Donc, cet article explicatif n'explique et n'excuse rien.

V. — Absence de sanction juridique du droit marital d'obéissance

Intimer des ordres à sa femme, cela peut être tyrannique ou ridicule. Mais les lui faire exécuter, la contraindre à l'obéissance lorsqu'elle résiste sourdement et systématiquement, cela est absolument impossible. Contre la révolte adroitement organisée dans les menus actes de la vie quotidienne, le mari n'a aucun recours légal. Il ne s'agit point naturellement de cas semblables à celui de s'éloigner du domicile conjugal. Ce cas témoigne du désir de rompre les liens du mariage. Et vous savez ce qui serait susceptible de se passer alors. Le mari peut faire ramener sa femme *manu militari*, mais aussitôt que la force armée s'est retirée, la femme peut sortir à nouveau, le droit de séquestration n'étant accordé à personne. Le mari n'a même pas — je suppose? — ce droit répugnant de correction, dont les chevaleresques chevaliers du moyen âge ne se faisaient pas faute d'abuser, si l'on en croit les *Chansons de gestes* et les *Chroniques* du temps.

La critique la plus spirituelle de cette absence de sanction du « droit conjugal » d'obéissance a été faite incidemment, l'an dernier, par M. Émile Faguet, dans la *Revue bleue* du 27 juin, à propos de la comparution d'un officier de Dusseldorf « devant « un juge de paix de cette ville pour avoir administré à sa « femme des coups de bâton, dont le nombre, dit M. Faguet, « est resté le secret de la chronique. »

L'officier se défendit en alléguant qu'il avait frappé sa femme pour venger l'honneur outragé de son uniforme, sa femme ayant eu l'audace de l'injurier lorsqu'il se trouvait en tenue. M. Faguet n'indique pas la réponse du juge de paix, car lui-même l'ignorait ; mais, d'arguments en arguments, il en vint à se demander si le mari outragé n'aurait pas dû, « comme les Japonais déshonorés par une injure sanglante » — son honneur étant attaqué par sa femme, « qui était au moins la moitié de lui-même » — s'ouvrir le ventre d'un coup de sabre, ce qui eût tranché net l'embarras de la réhabilitation.

« Le cas est très embarrassant, ajoute M. Faguet (et ici nous « entrons au vif du sujet), parce que — avez-vous remarqué ? « — le droit conjugal n'est pas du tout fixé, quoi qu'il puisse « paraître. Dans toutes les législations jusqu'à présent — car « nous sommes en train de changer tout cela, peut-être avec « raison, du reste — dans toutes les législations, l'autorité est « donnée au mari, le mari est le maître. Soit ; le droit du mari, « c'est d'être le maître ; mais quelle est la sanction de son droit ? « Les lois sont muettes là-dessus. Comment peut-il, légitime- « ment, punir les mépris que l'on fait de son autorité, les at- « teintes qu'on porte à son droit ? La loi ne dit rien sur ce « point. « La femme doit obéissance à son mari. » Soit ; mais si « elle désobéit, quels sont les moyens permis au mari pour la « ramener à l'obéissance ? L'a-t-elle dit, la loi ? Pas le moins du « monde. Le mari a-t-il le droit d'imposer une amende, d'in- « carcérer, de punir corporellement ? On ne le sait point du « tout. A-t-il le droit seulement de réprimande ou de protesta- « tion, ce qui serait, sans doute, assez indifférent à la récalci- « trante ? On ne le sait absolument pas. Le silence de la loi est « tout à fait embarrassant et fécond en angoisses.

« Notez — cette pensée qui me vient me fait frémir, mais ma « conscience de jurisconsulte me force à la produire malgré les « révoltes de ma sensibilité — notez que la loi semble, je dis « semble, je dis paraît, accorder au mari le droit de vie et de « mort ! Mais, évidemment, raisonnons.

« D'une part, la loi proclame cette règle : « La femme doit « obéissance et fidélité à son mari. » Vous entendez bien : « obéissance et fidélité, sans différence de degré, et l'une, ce « semble, autant que l'autre. Bien. Retenons cela.

« Et d'autre part, on le sait trop, et je trouve cela stupide, « mais c'est la loi, en cas de flagrant délit d'infidélité, la loi

« excuse le meurtre de la femme par le mari. Eh bien, si
« l'obéissance et la fidélité sont imposées par la loi à la femme à
« égal titre, et si l'infidélité en cas de flagrant délit peut être pu-
« nie de mort par le mari, la désobéissance, en cas de flagrant
« délit, doit aussi être punie de mort par le mari et la femme
« peut être légalement tuée par le mari, quand elle est en fla-
« grant délit de désobéissance. C'est raisonner, cela, ou je ne sais
« plus ce que c'est que la logique.

« Je reconnais que ce n'est pas le cas de l'officier de Dussel-
« dorf, mais « j'élargis la question. » Et, du reste, il ne faudrait
« pas grand'chose de plus pour que ce fût le cas de l'officier de
« Dusseldorf. Il suffirait qu'une première fois il eût dit à sa
« moitié : « Je vous ordonne de ne jamais m'injurier. » Et dès
« lors la femme qui l'injuriait était légitimement punie de mort,
« non comme injurieuse, mais comme désobéissante.

*
* *

« Tout cela prouve, à notre honte, à la honte de notre pré-
« tendue civilisation, que le droit conjugal n'est pas fixé. Il ne
« l'est pas le moins du monde. Il est livré à l'arbitraire et c'est
« pour cela que le ménage lui-même est livré aux disputes. *Lex*
« *tradidit mundum conjugalem disputationibus.* Quels sont mes
« droits sur ma femme ? Je n'en sais rien du tout. Elle me
« doit obéissance, certainement, et respect, je crois ; mais quand
« elle y manque, puis-je la corriger, comment puis-la corriger,
« dans quelle mesure puis-je la corriger ? C'est ce que personne
« ne m'a dit ; c'est ce que personne n'a voulu et daigné me dire.

« Au fond, la loi unit l'homme et la femme qui veulent s'unir
« ou qui consentent à s'unir, et leur dit : « Débrouillez-vous. »
« C'est un peu sommaire, d'autant plus que « débrouillez-vous »
« équivaut assez souvent à : « Brouillez-vous. » La loi, à pro-
« prement parler, pour ce qui est du mariage, se lave les mains.
« On dirait qu'elle ne tient pas à entrer dans le détail de cette
« matière épineuse. Il y a pourtant des gens fort honnêtes, et
« même scrupuleux et délicats, qui voudraient bien savoir jus-
« qu'où va leur droit, ce qui revient presque à vouloir savoir
« s'ils en ont un.

« Les timides s'en tirent, ou plutôt y restent, en n'usant de
« leurs droits possibles et incertains aucunement. Les autori-
« taires dépassent, — probablement ; puisque, enfin, on ne sait

« pas — dépassent leur droit, ce qui doit être leur droit ; et ils
« révoltent les âmes sensibles. Les esprits formalistes ou simple-
« ment scrupuleux, mais avec ingéniosité, recourent, comme
« l'officier de Dusseldorf, à des raisonnements curieux et spécieux
« qui peut-être sont des sophismes ; mais on ne saurait leur en
« vouloir ; là où la loi est obscure ou incomplète, la casuistique
« apparaît et se livre à ses besognes ordinaires. »

. . . .

VI. — Les Commentateurs du Code civil et l'article 213

Nous pouvons nous en tenir là. Et nous ne serons pas surpris,
après ceci, que la majorité des commentateurs du Code nous
donne sur l'article 213 les explications les plus confuses, les plus
embrouillées, les plus contradictoires qu'il soit possible d'ima-
giner.

Ces explications se réconcilient cependant sur un point. Tous
les auteurs qui ont expliqué et commenté le Code civil, sauf
Laurent, professeur à la Faculté de Gand, en Belgique, et Baudry-Lacantinerie, professeur à la Faculté de Bordeaux, ont basé
l'article 213 sur la force physique du mari et la faiblesse physique
de la femme.

Pothier, jurisconsulte français qui vécut de 1699 à 1772 et
prépara, par ses travaux sur notre ancien droit, la composition
du Code civil, Pothier, se basant sur le droit romain, affirme
nettement l'infériorité de la femme. L'homme a pour lui *le droit
d'exiger*, la femme n'a que les *devoirs de soumission* qui sont dus
à un supérieur.

Exigence d'une part et soumission de l'autre, cela ne peut pas
faire un bon ménage dans la pratique. L'homme ne peut pas
trouver dans « une femme résignée à subir des exigences » une
compagne qui lui assure un foyer idéal et réconfortant. Les rési-
gnés sont tristes, passifs et, à la longue, deviennent inévitable-
ment des êtres indifférents et quelconques. La certitude de la
déchéance physique et morale est le premier degré de l'impuissance et de l'abandon de soi-même.

Dans le *Droit civil français* de Toullier et Duvergier, il est
affirmé, d'après la nature, d'après les lois, que la société conjugale ne pourrait subsister si l'un des époux n'était subordonné
à l'autre et que c'est dans la prééminence du mari qu'est la source
des devoirs de protection et d'obéissance.

Si, réellement, nous devons prendre exemple dans la nature, je me permets de recommander vivement à nos futurs jurisconsultes d'étudier l'histoire naturelle et la botanique dans la partie concernant les unions sexuelles des animaux et des plantes, afin de se renseigner exactement sur l'étendue des monstruosités que les lois devraient tolérer pour être logiques avec elles-mêmes.... et surtout avec leurs commentateurs.

Dans ses *Répétitions écrites sur le Code Napoléon*, Mourlon, un auteur contemporain du XIXᵉ siècle, a pu écrire *sérieusement* cette phrase stupéfiante :

« Le mari doit protéger sa femme parce qu'il est le plus fort, « sa femme est tenue de lui obéir, parce que si elle était absolu- « ment maîtresse de ses actions, la protection que lui doit son « mari serait souvent inutile et quelquefois même impossible. »

Ce simple commentaire est toute une révélation !

Le plus récent commentaire est un *Traité de droit civil* (1), publié en 1900, dans lequel, à propos de l'article 213, les phrases flottent, contradictoires, s'appuyant sur *l'ordre public*, niant, enfin, l'autorité de la supériorité naturelle que l'homme tiendrait de son sexe, mais ajoutant « qu'un partage d'autorités serait, *comme on l'a cru*, fatal aux intérêts à sauvegarder. Or cette phrase, « comme on l'a cru, » montre qu'il n'y a là qu'une supposition toute masculine, absolument gratuite, et qui n'ose plus affirmer avec certitude qu'elle ne se trompe pas.

Le même *Traité* avoue encore qu'il serait assez difficile de préciser à quoi l'oblige le devoir de protection du mari vis-à-vis de la femme :

« En tant qu'il consiste à lui donner des conseils, il s'impose « pareillement à celle-ci, et on cherche quels sont les bons offices « qu'elle pourrait en espérer, sans être tenue, le cas échéant, de « s'en acquitter envers lui. » Que vous disais-je ? Mais, après avoir fait cet aveu, il faut cependant bien trouver un biais pour le repêcher. Un commentateur n'est pas embarrassé pour si peu et il ajoute : « Aussi cette première partie de la proposition de « l'article 213, sans qu'on puisse dire *a priori* qu'elle est dénuée « de toute portée, semble-t-elle surtout faire antithèse à la seconde, « qui commande l'obéissance à la femme. » Et voici enfin, mis en pleine lumière, ce que je m'efforce de démontrer depuis le

(1) Baudry-Lacantinerie.

début de cette conférence ; les mots de l'article 213 ont perdu leur signification propre en rentrant dans le Code.

Le *Traité du Code civil* redonne ensuite au mari la faculté de régler le genre d'existence de sa femme et de sa famille, puis il avance que l'autorité du mari n'est pas souveraine et affranchie de tout contrôle. « La femme pourrait donc, décide-t-il, suivant « l'opinion commune, en appeler aux tribunaux d'un abus de « pouvoir de son mari. Mais l'intervention du juge ne serait « légitime qu'autant que ces abus seraient nettement caractérisés, « car elle ne doit point aboutir à dépouiller le chef de famille de « *l'autorité dont la loi l'a revêtu* et à remettre à tout instant en « discussion *tout ce qu'il a qualité pour décider.* »

Tout.... Tout quoi ? Ce sont des mots vagues pour aboutir aux mêmes conclusions que celles de l'ancien droit.

Les principes de droit civil de Laurent ont répondu à Pothier et à Portalis ce que le plus élémentaire bon sens pouvait opposer :

T. III. Laurent, p. 112, chapitre VI :

« ART. 82. Le mariage est une société. Dans les sociétés ordi- « naires, les associés sont égaux ; il n'en est pas de même de la « société conjugale. En se mariant, la femme tombe sous la puis- « sance du mari. Le Code Napoléon ne prononce pas le mot de « puissance maritale, mais il consacre la chose en disant que « le « mari doit protection à sa femme et la femme obéissance à son « mari. » Le principe qui régit les rapports des époux est donc « le principe de l'inégalité. Pothier le dit en termes formels : « La puissance du mari sur la personne de la femme consiste « dans le droit qu'a le mari d'exiger d'elle tous les devoirs de « *soumission* qui sont dus à un *supérieur* » (Pothier, *Traité de la* « *puissance du mari,* nᵒ I).

« Il y a donc un supérieur et un inférieur dans le mariage, « partant dépendance et inégalité. Pothier ajoute que cela est de « droit naturel. Portalis va nous dire quelles sont les raisons, « dites de droit naturel, qui justifient la puissance maritale.

« On a longtemps disputé, dit Portalis, sur la différence et « l'égalité des deux sexes. Rien n'est plus vain que ces dispu- « tes. »

« Nous ne partageons pas ce dédain des discussions philoso- « phiques sur l'égalité. Ce sont les principes qui régissent le « monde ; et deux principes aussi différents que celui de l'éga- « lité et de l'inégalité doivent avoir et ont réellement des consé-

« quences bien différentes, en droit et même en morale. Ce
« n'est donc pas une vaine dispute de mots.

« Portalis continue et dit qu'il y a entre l'homme et la femme
« des rapports et des différences. Sans doute, il y a des diffé-
« rences, mais n'y en a-t-il pas entre les hommes aussi ? Chaque
« individu est doué de facultés spéciales et a par conséquent une
« mission à lui : cela n'a pas empêché la Révolution de 1789
« de proclamer leur égalité. Pourquoi n'en serait-il pas de même
« de l'homme et de la femme ?

« Portalis, au contraire, déduit de la différence qui existe *dans*
« *leur être* qu'il y a aussi une différence dans leurs droits et dans
« leurs devoirs. En parlant de droits différents, Portalis n'en-
« tend pas toucher la question des droits politiques ; il se ren-
« ferme dans le domaine du droit privé ; son but est de justi-
« fier l'inégalité que la puissance maritale établit entre les époux.
« La différence qui existe entre l'homme et la femme n'est pas,
« comme il le dit, une différence *dans leur être,* c'est une diffé-
« rence de facultés. Cette différence est-elle de nature à justifier
« la supériorité de l'un et l'infériorité de l'autre ? On le pré-
« tend : « La force et l'audace sont du côté de l'homme, dit
« Portalis, la timidité et la pudeur du côté de la femme. » Il en
« conclut que la femme a besoin de protection parce qu'elle est
« plus faible, que l'homme est plus libre parce qu'il est plus fort.
« Voilà une conséquence que nous ne saurions admettre. En
« disant que l'homme est le plus fort, entend-on qu'il ait plus de
« force d'intelligence et de caractère ? Si telle était la pensée de
« Portalis, les faits lui donneraient certes un démenti. Il ne s'a-
« git donc que de la force corporelle ; en effet, l'orateur du gou-
« vernement constate que l'homme et la femme ne peuvent pas
« partager les mêmes travaux, supporter les mêmes fatigues
« (Portalis, *Exposé des motifs,* n° 62 ; Locré, t. II, p. 396).

« Ce serait donc parce que l'homme a une constitution plus
« forte qu'il aurait droit à la prééminence ! Voilà un droit na-
« turel contre lequel la conscience moderne proteste. Non, la
« force ne donne pas la puissance, elle impose des devoirs. Il y
« a aussi de ces inégalités entre les hommes, il y a des faibles,
« il y a des forts ; qui oserait dire que le plus fort a le droit de
« dominer sur le plus faible ? La force était la loi du monde an-
« cien ; l'humanité l'a remplacée par la loi de l'égalité et de la
« liberté.

« Art. 83. Nous n'hésitons pas à affirmer que la puissance
« maritale, telle que Portalis la défend, est en opposition avec
« les mœurs, les sentiments et les idées de la société moderne.
« Quand le Code civil fut discuté, on entrait dans l'ère de réac-
« tion contre les idées de 1789. Écoutons un homme de la Ré-
« volution ; Condorcet nous dira quelles sont les aspirations de
« l'humanité, en ce qui concerne la prétendue prééminence de
« l'homme sur la femme. Il qualifie de préjugé l'inégalité des
« deux sexes. « On chercherait en vain, dit-il, des motifs de la
« justifier par les différences de leur organisation physique, par
« celles qu'on voudrait trouver dans la force de l'intelligence,
« dans leur sensibilité morale. Cette inégalité n'a eu d'autre ori-
« gine que l'abus de la force, et c'est vainement que l'on a
« essayé depuis de la justifier par des sophismes. » (Condorcet,
« *Esquisse des progrès de l'esprit humain.*) Rien de plus vrai ; si
« nous voulions remonter aux origines de la puissance maritale,
« nous trouverions partout la force. Mais à quoi bon ? Portalis
« lui-même ne l'avoue-t-il pas ? Eh bien, la force qui régnait
« dans l'ancien monde a été détrônée en 1789 ; la loi de l'iné-
« galité a fait place à celle de l'égalité. Pour mieux dire, la Ré-
« volution n'a fait que consacrer la transformation qui s'était
« opérée dans les mœurs. En dépit du Code, qui a maintenu la
« vieille tradition, l'égalité règne dans le mariage comme dans
« l'ordre politique ; ce n'est pas la *protection* et l'*obéissance* qui y
« dominent, c'est l'affection, lien des âmes ; ce n'est pas un
« maître qui y impose sa volonté et une esclave qui la subit,
« c'est par voie de délibération commune et de concours de con-
« sentement que les décisions s'y prennent : « Mais, s'écrie Por-
« talis, comment une société de deux personnes pourrait-elle
« subsister, si l'on ne donnait pas voix pondérative à l'un des
« associés ? » (Portalis, *Discours préliminaire*, n° 42 ; t. Ier,
« p. 165.)
« Portalis oublie qu'il peut très bien y avoir des sociétés de
« deux personnes, sans que l'une ait la prééminence sur l'autre.
« Si les associés sont en dissentiment, le tribunal décide. Il en
« est même ainsi dans la société conjugale, malgré la puissance
« maritale. Quand le mari refuse d'autoriser la femme à faire un
« acte juridique, la femme peut s'adresser à la justice. Quand
« le mari ne fournit pas à la femme l'entretien auquel elle a
« droit, il y a encore recours au juge. Pourquoi n'organiserait-

« on pas un recours dans tous les cas où les époux sont en dé-
« saccord?

« Nous n'insistons pas, parce que notre objet n'est pas de cri-
« tiquer la loi, mais d'en exposer les principes. Remarquons
« toutefois, avec Condorcet, les funestes conséquences qui décou-
« lent du préjugé de l'inégalité. La femme n'est pas l'égale de
« l'homme, donc elle ne doit pas jouir, au même titre, des bien-
« faits de l'éducation. Il est entendu qu'elle doit avoir une reli-
« gion, tandis que son mari sera libre penseur.... Il est entendu
« aussi que la femme doit être plus morale que l'homme ; libre
« au mari d'adultérer tant qu'il lui plaira : la loi ne trouve rien
« à y redire, pourvu qu'il prenne soin de ne pas tenir sa con-
« cubine dans la maison commune ! La loi de l'égalité est plus
« sévère tout ensemble et plus bienfaisante. Elle veut que les
« époux vivent de la même vie intellectuelle et morale ; elle leur
« reconnaît les mêmes droits, mais aussi les mêmes devoirs.
« C'est seulement quand cet idéal sera entré dans nos lois et dans
« nos mœurs qu'il y aura un véritable mariage [1] ! »

(1) La théorie de Laurent, que cite Mme Pingrenon, a quelque chose de séduisant.
Un certain nombre de jurisconsultes, surtout parmi les professeurs de droit, l'ont
adoptée. C'est pourquoi nous croyons nécessaire de faire suivre cette longue citation du
professeur belge de quelques observations.
Laurent pose en principe que l'homme et la femme, en tant qu'êtres humains, ont
des droits égaux, ce qui est vrai. Il en conclut que leurs droits doivent rester égaux
dans le mariage. Cette conclusion est loin de s'imposer : le simple soldat et le général
sont égaux en tant qu'hommes ; sont-ils pourtant égaux dans l'armée ?
Est-ce à dire qu'il n'y ait pas égalité entre l'homme et la femme, même dans le mariage ? « La loi naturelle, dit le R. P. Castelein, dans son savant traité de droit naturel
(Paris, Lethielleux, 1903), proclame l'égalité des deux sexes dans les points essentiels
et devant la fin principale du mariage Le devoir de fidélité conjugale est le même de
part et d'autre. Aux deux conjoints l'adultère comme le divorce sont également inter-
dits,... A côté de cette égalité essentielle dans les mêmes droits et les mêmes devoirs
devant la fin principale du mariage, la loi naturelle demande, dans l'ordre des droits
secondaires et là où l'ordre demande un principe d'autorité, la subordination raisonnable
de la femme à l'homme. »
Voici comment le R. P. Castelein justifie cette dernière proposition. La page que
nous allons citer nous paraît une excellente réfutation du système de Laurent :
« Nous avons vu, dans les notions générales sur la société, que l'efficacité d'une direction commune vers une même fin exige un principe d'autorité reconnu par les
membres de cette société comme légitime, et, par suite, comme ayant droit à l'adhésion
de la conscience et à l'obéissance de la volonté. Plus la variété des accidents et des
obstacles que rencontre la réalisation de la fin sociale et la variété des ressources et
des moyens d'action qui s'offrent au libre choix dans la poursuite de cette fin sociale est
grande et changeante, plus un principe d'autorité s'impose pour prévenir et corriger les
divergences de vues et d'efforts. Or, la variété d'accidents, d'obstacles et de moyens
d'action qui peuvent entraver ou favoriser la poursuite de la fin propre à la société domestique est aussi étendue que changeante. Il faut donc à tout prix, pour rendre du-

Certes, le mariage contemporain ne peut plus être basé sur des phrases malencontreuses et il serait grand temps qu'on les supprimât [1] ! Puisque les sévices entraînent le divorce et que l'homme ne pourrait obtenir réellement l'obéissance de sa femme qu'en abusant de sa force physique, ce legs de barbarie enlève au mariage sa dignité morale en abaissant moralement l'un des êtres qui s'y engagent. Je vais plus loin, il les abaisse tous les deux. L'homme libre ne devrait pas partager sa vie avec un être privé de son libre arbitre, de ses droits civils et de sa dignité morale. D'une part, il s'inférior ise, de l'autre, il se fait le complice d'abus

rable l'accord des bonnes résolutions et les faire converger vers la fin de la société domestique, un principe d'autorité exercé au sein de cette société

« Il s'agit donc de savoir auquel des deux époux cette autorité doit appartenir, au mari ou à la femme. La solution de cette question doit être certaine et uniforme, pour couper court en matière si importante à tous les conflits et à tous les débats.

« La raison répond que cette autorité appartient non au plus digne, mais à celui qui généralement est le plus capable de l'exercer. Or, c'est le mari. Comme nous l'avons déjà prouvé, la nature a fait l'homme plutôt pour l'action extérieure et la femme pour la vie intérieure. A l'homme elle a donné la supériorité dans la force du corps, dans la fermeté de la décision et dans la sagesse de la prévoyance, trois qualités qui justifient le privilège du commandement.

« Mais qu'on ne tire pas de cette solution un prétexte au despotisme et à l'abus de la puissance maritale. Elle n'implique pas l'infériorité de la femme. Les deux sexes ont reçu de la nature des qualités équivalentes ; même la mission de la femme est plus importante pour la conservation et la perfection du genre humain, parce que la femme est la première éducatrice de l'humanité.

« Qu'on ne renverse donc pas les rôles des deux sexes par un féminisme inintelligent et funeste ; qu'on n'assigne pas à la femme ce rôle ambitieux dans la vie civile et cette mission bruyante, qui se concilient mal avec des devoirs plus paisibles, plus salutaires et plus glorieux de l'épouse et de la mère. Cette mission, quoi qu'en disent les partisans du pseudo-féminisme, ne la condamne ni à la servitude, car elle a droit au respect et à l'amour de son mari et de ses enfants, ni à l'ignorance, car, plus elle a de connaissances éclairées et élevées, mieux elle saura remplir tous ses devoirs, non seulement dans le cercle de la famille, mais dans les réunions du monde, où sa grâce et son goût épuré exercent la plus heureuse influence, et sur le champ d'honneur des misères humaines, où sa charité intelligente et délicate est la première puissance du salut social. »

Pour en revenir à la théorie de Laurent, il convient d'observer aussi qu'elle aboutirait en pratique à perpétuer et aggraver les moindres conflits entre le mari et la femme. Dès qu'ils se trouveraient en dissentiment, le juge seul pourrait les départager. C'est donc au tribunal que cette théorie confère, en dernière analyse, la direction de toutes les familles. Tout serait matière à procès, et pour qui connaît l'animosité que suscite tout procès entre les plaideurs, il est indubitable qu'un ménage ainsi dirigé n'irait pas longtemps. Et quel tribunal suffirait à cette tâche ? Enfin se figure-t on deux époux s'en remettant à un tribunal de la décision à prendre sur le genre d'éducation qu'ils donneront à leurs enfants, sur la religion dans laquelle ils les élèveront ? Les tribunaux sont-ils aptes à trancher de pareilles questions ?....

(1) Tout en faisant des réserves personnelles sur l'égalité absolue des époux dans le mariage, Me Henri-L. Alvarès, présent à la discussion, déclare qu'il est partisan de la suppression de l'article 213 qu'il considère comme inutile, et fait remarquer que le Code italien a déjà retranché cet article, humiliant pour la dignité de la femme moderne.

issus du mensonge, par conséquent d'une mauvaise action.

Car cet article 213, qui ne signifie rien, est redoutable en ce sens qu'il prétend faire découler un flot de conséquences du vide dont il est gonflé. C'est à cause de lui, — puisque c'est probablement par crainte de froisser l'autorité maritale qu'il a engendrée, — que la loi Goirand, si équitable, *dort depuis sept ans* au Sénat. Et, si cette loi avait été votée, on n'aurait pas refusé hier à l'ouvrière mariée le droit de s'adresser aux prud'hommes sans l'autorisation du mari. On ne lui refuserait pas demain la possibilité de faire partie d'un syndicat, et par conséquent de défendre son gain, d'obtenir pour un travail égal un salaire égal, sans que son mari lui en ait accordé la permission. Les syndicats masculins dénoncent la femme qui travaille à un taux inférieur. Comment ferait-elle autrement, la malheureuse ! Toutes les lois s'acharnent contre elle. Quant aux législateurs, ils ne connaissent pas sa misérable vie ; ils lui disent tranquillement : reste au foyer. Et si elle n'a pas de pain dans ce foyer, la pauvre femme ? J'allais oublier, il est vrai, une phrase historique qui peut encore servir : « Que ne mange-t-elle de la brioche ! »

VII. — Relation historique de l'article 213

La partie historique de l'article 213 achève son réquisitoire.

L'article 213 a traditionnellement trois sources qui rendent vaines ses applications, trois sources dont l'esprit d'origine est absolument incompatible avec l'esprit contemporain.

1° *Le droit du plus fort*, qui est le droit préhistorique, non codifié, de l'homme des cavernes et le droit des coutumes barbares.

2° *Le droit romain*, institué pour la société romaine, complètement différente de la société française du xxᵉ siècle, puisque le père avait alors le droit légal d'abuser de sa force pour châtier ou faire châtier cruellement sa femme, ses enfants et ses esclaves. C'est cependant en s'inspirant de ce droit que Portalis a rédigé l'article 213, mais ce n'est pas cette source qui a eu le pouvoir de le faire accepter dans le Code.

3° *La Bible*. — C'est sur elle et, plus exactement, sur l'*Ancien Testament* que Bonaparte, alors premier consul, s'est appuyé pour faire inscrire l'article 213 dans le Code en répondant au jurisconsulte Merlin qui trouvait discutable ce mot d'obéissance

examiné dans le fond et dans la forme : « L'ange l'a fait entendre à Adam et à Ève [1]. »

. . . .

Enfin, ce n'est pas dans une discussion sérieuse que l'article 213
a été adopté, c'est au milieu des éclats de rire provoqués par les
pitreries haineuses du Premier Consul contre les femmes. Que
ceux qui en doutent se reportent à la *Gazette des Tribunaux* des
21 et 22 mars 1904, où la séance est rappelée en détail. J'y re-
lève, entre autres, deux phrases qui ne paraîtront impartiales à
qui que ce soit : « Les femmes ne s'occupent que de toilettes et
de plaisirs.... Si on ne vieillissait pas, je ne voudrais pas de
femmes [2]. »

. . . .

Le code révolutionnaire regardait le mariage comme un *contrat civil* que le divorce pouvait rompre. La discussion devait
donc demeurer civile et ne point s'autoriser d'un texte religieux.
Comme en beaucoup d'autres cas, Bonaparte, en cette occasion,
s'est montré despotiquement et hypocritement illogique. Croyez
bien qu'en ce moment, je n'ai pas l'intention de froisser l'esprit
religieux, mais je constate, avec quelque surprise, que je ne puis
croire à la vérité de l'article 213 du Code civil que si je crois
fermement à tous les articles de la Bible, que si, par conséquent,
je contracte un mariage religieux et non pas civil.

Que l'on m'ait ainsi prouvé que c'est parce que « l'ange l'a fait
entendre à Adam et à Ève » que le Code civil a établi l'article 213,
personnellement je répondrai que c'est une explication théologique
qui en vaut bien une autre. Mais que me parlez-vous de fêter le
centenaire du Code civil comme événement civil ? C'est une rail-
lerie.

De plus, l'État, qui fait les lois et qui base la législation conjugale sur l'article 213, se moque-t-il de nous ou parle-t-il sérieu-

(1) Est-il nécessaire de faire remarquer ici que ce n'est pas « l'ange », mais Dieu
lui-même, qui dans la Genèse a formulé le principe de la subordination de la femme.
Dieu dit à Ève : « Je multiplierai tes épreuves et tes enfantements ; tu enfanteras dans
la douleur, tu seras sous la puissance de ton mari et il te dominera. » Napoléon ne con-
naissait la Bible que très approximativement ; beaucoup de nos féministes ne la connaissent même pas aussi bien que lui.

(2) Mme Oddo-Deflou fait remarquer, à ce propos, combien il est pénible de constater
que, dans toute assemblée législative, ancienne ou contemporaine, un acte aussi impor-
tant que le mariage ne puisse jamais être discuté non seulement avec la gravité que le
sujet devrait comporter, mais sans que, au contraire, il serve de prétexte à mille plaisan-
teries du plus mauvais goût.

sement à la femme dans ses assemblées législatives lorsqu'il lui laisse entendre qu'il lui serait très agréable de la voir s'occuper un peu moins des destinées ultérieures de son âme et un peu plus de l'éducation nouvelle et positive qu'il va lui octroyer par l'enseignement de ses professeurs laïques ?

Cependant, la femme, si inférieure que l'ait supposée Napoléon et que beaucoup de contemporains (qui n'ont pas, — heureusement pour l'humanité, — le génie de Napoléon) la supposent encore aujourd'hui, la femme, dis-je, est assez fine pour s'attacher à ces questions de détail. Et au point de vue de ses intérêts, — placés en dehors de la politique et de la religion, — elle peut juger que, par certains côtés, dès qu'il s'agit de son sort personnel, il s'opère de touchantes réconciliations entre les adversaires qui se disputent son influence.

De sorte que, si elle se penche gracieusement à droite ou si elle adresse un aimable sourire à gauche, elle ne reçoit jamais que madrigaux, fleurs et bonbons. Je ne crois pas me tromper en suggérant que le plus petit gage de *considération légale* ferait beaucoup mieux son affaire, et — qu'elle croie ou non à la Bible, ce qui est un compte à régler entre elle et sa conscience — je pense encore que le temps où elle se contentait de promesses commence à rejoindre celui où l'ange conduisait son aïeule Ève hors du paradis terrestre.... en lui énonçant l'article 213 du Code civil.

. . . .

VIII. — Réaction lente contre l'intransigeance de l'autorité maritale

Si l'article 213 n'a pas été dénoncé et incriminé directement, il faut bien reconnaître qu'une lente réaction s'opère contre l'intransigeance de l'autorité maritale. Les journaux les plus sages acceptent des articles qui la critiquent sans acrimonie.

Le *feuilleton* du *Journal des Débats* du 20 mars 1904 était consacré à un article sur le *centenaire du Code civil*, dû à la plume de M. Louis Delzons, article dont je crois devoir vous donner l'intéressant extrait suivant :

« Dans le dernier quart du siècle écoulé, des changements « plus ou moins considérables ont commencé d'ébranler le sys« tème juridique de la famille, de transformer la puissance pa« ternelle, la puissance maritale. Il est arrivé sur un point que

« c'est la législation qui, en se modifiant, a créé des mœurs nou-
« velles. Quand le divorce, supprimé en 1816, fut rétabli en
« 1884, il n'était pas réclamé par les mœurs : l'année qui suivit,
« les demandes atteignirent le chiffre de 2,500 ; cinq ans plus
« tard, il y en eut 6,000 ; aujourd'hui, il y en a près de 10,000,
« et l'immense majorité se rapporte à des mariages qui n'ont pas
« dix ans de durée. On a donc appris à divorcer ; la loi a insti-
« tué une habitude dont nul ne peut dire, pour les ménages
« d'ouvriers, jusqu'où elle ira.

« Ceci semble exceptionnel ; le plus souvent, ce sont les
« mœurs et les idées qui ont agi sur la législation ; pour adoucir
« un peu l'absolu de la puissance paternelle, de la puissance ma-
« ritale, il leur a fallu un persévérant effort. La conception an-
« cienne de la famille, l'autorité entière du chef sur la femme,
« les enfants, les domestiques, s'est graduellement effritée. Dès
« 1868, on avait supprimé l'article 1781 : le maître n'est plus
« cru sur son affirmation. Plus tard, la loi de l'enseignement
« imposa au père l'obligation de faire instruire son enfant ; la
« puissance paternelle est atteinte dans ce qu'elle comportait de
« négligence souveraine : on ne la comprend plus que protec-
« trice. Cette idée de protéger l'enfant est méditée, propagée par
« les moralistes les plus éminents ; des sociétés de patronage
« s'occupent de soustraire l'enfant aux influences paternelles, dès
« qu'elles sont mauvaises ; la loi de 1889 va jusqu'à décider que
« pour certaines causes graves la déchéance de la puissance pa-
« ternelle pourra être prononcée. C'en est donc fait des abus
« nécessairement compris, autorisés dans la notion ancienne : la
« puissance paternelle demeure règle d'ordre public ; mais au-
« dessus de l'ordre public, apparaît et domine l'intérêt de l'en-
« fant. Et c'est bien aussi l'intérêt de l'enfant qui a prévalu dans
« une autre loi du 20 juin 1896 : si le consentement des parents
« est exigé pour le mariage, ce ne peut être qu'afin d'empêcher
« un mariage nuisible à l'enfant, à lui seul ; il ne faut plus par-
« ler, comme en 1804, de l'intérêt de la famille tout entière : la
« nécessité du consentement ainsi justifiée ne serait plus suppor-
« tée ; elle n'est supportée d'ailleurs qu'impatiemment dans l'in-
« térêt exclusif de l'enfant. Est-il admissible qu'un homme, avant
« vingt-cinq ans, ne puisse se marier librement ? La loi de 1896
« a fait une première réfo me, timide, mais utile : elle a simpli-
« fié, atténué la formalité des actes respectueux imposés aux fils

« de plus de vingt-cinq ans, aux filles de plus de vingt et un
« ans : il fallait trois actes respecteux; il n'en faut plus qu'un.

« Un effort, en quelque manière parallèle, attaque sans relâche
« la puissance maritale. C'est ici le féminisme, au sens le meil-
« leur, qui lutte pour donner à la femme mariée, à sa personne
« et à ses biens, une condition plus digne. La loi du 9 mars 1891
« tire le conjoint survivant de la foule indéfinie des héritiers
« après lesquels le Code l'avait relégué, et lui assure au-dessus
« d'eux un droit sur la succession de son conjoint. La loi du
« 20 juillet 1895 permet aux femmes mariées de se faire déli-
« vrer un livret de caisse d'épargne et, par suite, implicitement,
« d'acheter de la rente. Enfin, pour le mariage des enfants, la
« loi de 1896 décide que, si les parents sont séparés ou divorcés,
« il suffira du consentement de celui qui a eu la garde. Deux
« autres lois, celle du 6 février 1893, qui accorde à la femme
« séparée un domicile et une pleine capacité; celle du 9 décem-
« bre 1897, qui permet aux femmes d'être témoins, complètent
« ces premières et humbles conquêtes du féminisme.

« C'est lentement, par l'effet trop certain de l'impuissance
« parlementaire, que le Code civil a suivi l'évolution des idées
« et des mœurs, les progrès de la jurisprudence. L'individua-
« lisme, le respect de la personne humaine, ont bien trouvé déjà
« dans la loi une sorte de reflet. Mais l'œuvre à réaliser demeure
« considérable, et, par exemple, dans un temps où les femmes
« cherchent, sont bien forcées de chercher, pour vivre, des mé-
« tiers, des emplois, un gagne-pain, il est inouï que le régime
« légal de la communauté permette au mari la libre disposition
« du capital mobilier commun [1]. »

Or, ce régime légal de la communauté n'aurait plus lieu
d'exister si l'article 213 lui-même était supprimé.

---

[1] M. Delzons fait hommage ici au féminisme de plusieurs réformes qui étaient ré-
clamées bien avant lui et qu'il n'a aucunement contribué à obtenir. Si le Code civil
n'accordait qu'un droit de succession insuffisant au conjoint survivant, il ne faisait aucune différence entre le mari et la femme et les traitait aussi mal l'un que l'autre. La
loi du 9 mars 1891, en réformant le Code sur ce point, n'a donc rien fait de plus pour
la femme que pour l'homme. Dès avant la loi du 20 juillet 1895, les femmes mariées
pouvaient déjà se faire délivrer un livret de caisse d'égargne sans l'autorisation de leur
mari. La loi du 6 février 1893, en restituant à la femme séparée de corps sa pleine capacité, a eu pour but de ne pas la laisser dans une situation pire que celle de la femme
divorcée ; cette loi a été inspirée, non par le féminisme, mais par un esprit de réaction
contre le divorce. La loi de 1896, qui décide que le consentement de l'époux qui a ob-
tenu la garde de l'enfant, en cas de divorce ou de séparation de corps, suffira pour au-

Les femmes n'auraient pas accepté avec reconnaissance l'article 213 si on leur avait donné voix au chapitre, cela est certain. Vous connaissez peut-être, Mesdames, le plébiscite organisé à ce sujet par une revue de famille en 1896 :

« Interrogées, dit M. Charles Turgeon, sur cette question de
« la sujétion légale de la femme mariée, 6,512 lectrices ont ré-
« pondu ; et, sur ce total, 963 seulement ont acquiescé au devoir
« d'obéissance que notre loi leur impose. Il s'en est trouvé
« 5,549 pour protester contre l'observation de l'article 213. »

Ce n'est pas une victoire bien enviable pour l'orgueil de l'homme que de s'affirmer *légalement le chef*, puisqu'il est nécessairement le *seul maître du terrain légal*.

A vaincre sans péril on triomphe sans gloire !

IX. — Conclusions

Pour conclure, je dirai que, à notre point de vue, l'article 213 est légalement, socialement et historiquement faux. De plus, il est absolument inutile. L'article 212 devrait suffire, car il renferme toutes les obligations morales et matérielles que se doivent les époux.

Il faut être de bien mauvaise foi pour dire que « des conflits surgiront entre deux volontés égales, » si l'on supprime l'autorité maritale.

Est-ce que, actuellement, dans la plupart des ménages bien intentionnés, ce ne sont pas deux volontés distinctes qui se font des concessions réciproques ? Est-ce que, lorsque ces deux volontés s'opposent, des conflits ne se produisent pas, en dépit de l'autorité du mari ? Est-ce que, lorsqu'elles s'harmonisent, l'entente ne règne pas sans que l'homme ordonne et sans que la femme obéisse ?

L'article 213 est un hochet de la vanité masculine, pas autre chose, mais chaque fois que ce joujou inutile est manié par un

---

toriser l'enfant à se marier, est, elle aussi, une conséquence de l'introduction du divorce dans nos lois.

En réalité, les seules réformes législatives dont le féminisme puisse se glorifier jusqu'ici se réduisent à deux : la loi du 7 décembre 1897, qui a permis aux femmes d'être témoins dans les actes, et la loi du 1ᵉʳ décembre 1900, qui les a autorisées à exercer la profession d'avocat. Or, il faut bien reconnaitre que ces réformes n'ont aucune portée sérieuse. Le peu d'empressement que les femmes ont mis à en profiter prouve assez que ces prétendues conquêtes les ont laissées parfaitement indifférentes.

malhonnête homme, il peut devenir une arme dangereuse.

L'oppression et la crainte doivent être bannies du mariage parce que cette institution ne doit pas être détruite, mais transformée, vue sous un aspect plus noble et plus moral.

Assaini et rendu normal, le mariage ne peut être basé que sur l'affection, l'estime et le dévouement mutuels des époux.

Ce sont ces principes essentiellement purs, essentiellement élevés, que je voudrais voir triompher, car ils dépassent le féminisme même qui paraît les avoir engendrés, et ils s'adressent à l'humanité tout entière qui ne sera réellement majeure que le jour où, parmi les êtres qui la composent, nul n'abusera plus de son libre arbitre pour gêner ou entraver celui des autres [1].

Renée PINGRENON.

[1] Conférence faite récemment au *Groupe français d'études féministes* dirigé par Mme Oddo-Deflou.

www.ingramcontent.com/pod-product-compliance
Lightning Source LLC
Chambersburg PA
CBHW070742210326
41520CB00016B/4552